AF262372

DÉPUTATION EN COUR

ÉTATS DE BRETAGNE

Tous les deux ans, les Etats de Bretagne se réunissaient dans une des principales villes de la Province. A la fin de la session, on élisait un membre de chaque ordre pour aller, conjointement avec le procureur général syndic des Etats, présenter au Roi les humbles et respectueuses remontrances de la Province et gérer les intérêts de celle-ci auprès de la Cour, pendant l'intervalle des Etats.

La présentation au Roi du cahier des remontrances donnait lieu à une très solennelle cérémonie. Les dossiers du greffe des Etats contiennent pour chaque députation le procès-verbal de cette cérémonie. Le texte en est toujours scrupuleusement le même; il n'y a guère de changé que les noms des personnages. Aussi prenons-nous au hasard l'un de ces procès-verbaux. C'est celui de 1774. Les députés en Cour étaient alors, pour l'Eglise, Mgr Urbain de Hercé, évêque de Dol, pour la Noblesse, le comte Desgrées, et pour le Tiers-Etat, M. de Tréveret[1].

---

1. *Arch. départ. d'Ille-et-Vilaine,* C. **2842**.

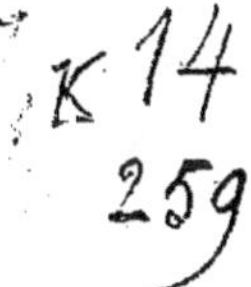

« Cérémonial qui a été observé lors de la présentation du cahier des très humbles remontrances faites au Roy par les Députés et Procureur général syndic des Etats de Bretagne, le 3 janvier 1774.

« Messieurs les Députés s'étant rendus à Paris immédiatement après les Etats ont vaqué aux affaires de la Province et ont prié S. A. S. Mᵍʳ le duc de Penthièvre, gouverneur de la province, de prendre l'ordre, le jour et l'heure de Sa Majesté pour la présentation du cahier ; ils ont fait la même prière à M. le Duc de La Vrillière, secrétaire d'Etat de la province, et l'un et l'autre ont pris la peine d'en informer M. le Comte de Robien, procureur général syndic, qui en a aussitôt donné avis à MM. les Députés et a envoyé des billets imprimés pour en faire part à tout ce qui s'est trouvé de personnes considérables de la Province y possédant des terres.

« Le jour donné ayant été le 3 janvier 1774, M. l'Evêque de Dol, député de l'Eglise, M. le Comte Desgrées, député de la Noblesse, M. de Tréveret, député du Tiers, M. le Comte de Robien, procureur général syndic, et M. Magon de la Lande, trésorier, se sont rendus à Versailles dès le 1ᵉʳ janvier 1774.

« Les jours suivants, ils ont fait les visites ordinaires, ils ont vu M. le Duc de Penthièvre, gouverneur de la Province, M. le Maréchal de Soubise, M. le Chancellier, M. le Duc de la Vrillière, secrétaire d'Etat de la Province, M. le marquis de Monteynard, secrétaire d'Etat de la guerre, M. le Duc d'Aiguillon, secrétaire d'Etat des affaires étrangères, M. de Boynes, secrétaire d'Etat de la marine, M. Bertin, secrétaire d'Etat, et M. le controleur général, tous ministres, M. Dormeson, M. de Marville, conseiller au conseil royal ; ils ont vu aussi suivant l'usage le premier Gentilhomme de la Chambre, les Dames d'honneur de Mesdames et Mesdames les gouvernantes de Mesdames.

« Toutes ces visites ont été faites sans harangues et M. l'Evêque de Dol en habit court noir.

« Le jour de la présentation du cahier, M. l'Evêque de Dol
étant en rochet et camaïl violet, M. le Comte Desgrées en ses
habits ordinaires, M. de Tréveret en manteau court, M. le
Procureur g¹ sindic en ses habits ordinaires et M. Magon de
la Lande aussi en ses habits ordinaires, se sont rendus chez
M. le Duc de Penthièvre, gouverneur de la province. M. l'E-
vêque de Dol ayant à sa droite M. le Comte Desgrées, à sa
gauche M. le P. G. et un peu au-dessous M. Léon de Tréveret, a fait une harangue à M. le Duc de Penthièvre après
laquelle MM. les Députés sont allés chez M. le Duc de la Vrillière, secrétaire d'État de la Province pour scavoir s'il n'y avait
rien de changé pour la présentation des cahiers et ensuite ils
se sont rendus dans la salle des Ambassadeurs où se sont ras-
semblés en grand nombre les seigneurs et gentilshommes qui
s'intéressent à la Province. Les officiers du gobelet de Sa Mᵗᵉ
ont donné le caffé et autres rafraîchissemens à la compagnie.

« Vers une heure après midi et incontinent après la messe
de S. M. qui étoit l'heure par elle ordonnée, M. le grand-
maître des cérémonies avec un de MM. les maîtres de cérémonie s'est rendu à la salle des Ambassadeurs d'où ils ont con-
duit à l'appartement du Roi MM. les Députés accompagnés de
tous les gentilshommes et seigneurs de la Province qui
s'étaient assemblés avec eux ; M. le Duc de la Vrillière,
secrétaire d'Etat de la Province, s'est avancé vers la porte de
la chambre de S. M. pour présenter au Roi les Députés. M. le
Duc de Penthièvre, gouverneur de la Province, étant à quel-
ques pas de distance au-dessus des Députés, ils ont entré dans
la chambre du Roi et ont fait en entrant trois inclinations à
Sa Majesté. Lorsqu'ils ont été près de son fauteuil, M. l'Evêque
de Dol ayant à sa droite M. le Comte Desgrées, à sa gauche
M. le Procureur général sindic et derrière lui le député du
Tiers, un genouil en terre, a commencé sa harangue ; et lorsqu'il a dit ce mot *Sire,* Sa Majesté s'est découverte et recou-
verte à l'instant, il a continué sa harangue après laquelle il a
présenté à Sa Majesté le cahier des très humbles remontrances
qui a été tenu par M. le P. G. sindic pendant qu'il a parlé.

Le Roi l'aïant reçu des mains de M. l'Evêque de Dol l'a

remis au secrétaire d'Etat de la Province, et Sa Majesté se découvrant a parlé avec bonté aux Députés qui sont sortis avec le même cortège de la chambre du roi. Le même ordre s'est observé à l'égard de Mgr le Dauphin, de Madame la Dauphine, de Mgr le Comte de Provence, de M^{de} la Comtesse de Provence, de Mgr le Comte d'Artois, de Madame, de Madame Elisabeth, de Madame Adélaïde et de Mesdames; excepté qu'à ces audiences, M. le Député du Tiers ne mit pas le genouil en terre. M. le Grand-Maître des cérémonies se retira après ces harangues.

« MM. les Députés sont allés ensuite à l'apartement de Mgr le Duc de Penthièvre; incontinent après on a servi plusieurs tables, à la première desquelles Mgr l'Evêque de Dol a pris place à la droite de Mgr le Duc de Penthièvre, M. le Comte Desgrées à sa gauche, M. le Deputé du Tiers a pris la place suivante. A l'égard de M. le Comte de Robien, Procureur général sindic, il s'est placé à l'ordinaire de l'autre côté de la table, vis-à-vis M. le Duc de Penthièvre.

« Après la présentation des cahiers, ils ont été distribués dans les différents bureaux où ils doivent passer. Le raport en a été fait et les réponses arrêtées au conseil roïal des finances. A l'occasion de ce raport, MM. les Deputés et Procureur g^l sindic ont encore vu MM. du Conseil; quelque tems après, ils ont été avertis qu'ils devoient entrer dans la chambre du conseil.

« Le jour marqué pour recevoir les réponses de S. M. à Versailles, Mgr le Gouverneur de la Province s'est trouvé au conseil et y a occupé le fauteuil du Roi, suivant l'usage, M. le Duc de la Vrillière, M. le Controleur g^l, MM. les Conseillers au conseil Royal et plusieurs conseillers d'Etat et intendans des finances s'y sont trouvés.

« M. l'Evêque de Dol en habit long, noir, M. le Comte Desgrées, M. Léon de Treveret, M. le Procureur général sindic se sont rendus à la porte de la chambre du conseil pour saluer à l'ordinaire Messieurs de la grande direction. M. le trésorier étant à Nantes pour les comptes ne s'y est pas rendu, ils ont été appelés et introduits dans la salle du conseil où ils se sont

tenus debout en face de M. le Chancelier suivant l'usage.
M. le Chancelier a fait un discours sur la situation de la
Province et il s'est couvert en le commençant, M. l'Evêque de
Dol, M. le Cte Desgrées, M. le député du Tiers et M. le Procureur g[l] sindic se sont couverts en même temps. Après ce petit
discours, MM. les Deputés se sont retirés sans recevoir le
cahier parce qu'il n'était pas signé. Mais M. le Duc de la Vrillière l'a adressé à M. le Procureur gen[l] sindic.

« La saison étant trop rude pour faire jouer les eaux lorsque
le cahier a été présenté, cela avoit été remis à un autre tems.
Le [huit aout][1], M. le marquis de Marigni donna les ordres
nécessaires pour faire jouer les eaux de Versailles et de Marli.
M. le Comte de Noailles donna les mêmes ordres pour que
MM. les Députés eussent des carioles tant à Versailles qu'à
Marli. Ils firent aux suisses qui conduisoient les carioles et
aux fontainiers de Versailles et de Marli, les gratifications
ordinaires. MM. les Deputés et Procureur general sindic avoient
été avertis du jour qu'il comptoient que les eaux devoient jouer
pour eux.

« Il fut autrefois promis aux Deputés des Etats qu'il leur
seroit fourni des logements à la suite de la cour, comme il se
voit par la réponse aux remontrances de 1551, art. 8. Mais
cette promesse n'a pas eu d'exécution. Elle fut faite dans un
tems où la cour étoit ambulante.

> (Signé) † Urb. R. évêque de Dol, Le c[te] Desgrées,
> Robien [2]. »

Les sommes payées par le trésorier des Etats
pour gratifications aux suisses et fontainiers, à
l'occasion du jeu des eaux, étaient, d'après le procès-verbal de 1772 [3] :

---

1. Ces mots sont d'écriture plus récente.
2. Le député du Tiers n'a pas signé.
3. *Arch. dép. d'Ille-et-Vil.*, C. 2840.

Aux suisses qui conduisoient les cariolles à Versailles.   48 liv.
Aux fontainiers de Versailles.   36
Aux gondoliers, à raison de 12 liv. par gondole. . .   36
Aux fontainiers de la Ménagerie.   12
Aux fontainiers de Trianon.   12
Aux suisses qui conduisoient les cariolles à Marly. .   48
Aux fontainiers de Marly.   36

Total. . . . .   228 liv.

Dans certains procès-verbaux, les cariolles mises à la disposition des députés en Cour sont appelées des « roulettes. » Ce n'était en effet que des sortes de chaises traînées par des suisses.

La présentation du cahier des remontrances ayant généralement lieu en hiver, janvier ou février, il s'ensuivait, comme on vient de le voir, que le jeu des eaux était renvoyé à l'été.

Souvent il arriva que ce jeu n'eut pas lieu. Ainsi, en 1768[1], la mort de la Reine ne permit pas aux députés bretons d'exiger cette sorte de redevance.

En 1770[2], les réparations des canaux et les préparatifs du mariage du Dauphin détournèrent les députés de demander qu'on fît jouer les eaux en leur honneur.

En 1772[3], le mauvais temps ne permit que le jeu des eaux de Versailles et de Marly; aussi les fontainiers de ces deux habitations royales reçurent-ils seuls des gratifications.

En 1776[4], « ils ne purent voir les eaux parce qu'il

1. *Arch. dép. d'Ille-et-Vil.*, **C. 2836.**
2. *Ibid.*, **C. 2838.**
3. *Ibid.*, **C. 2840.**
4. *Ibid.*, **C. 2844.**

y en avoit beaucoup à Versailles en réparation et parce qu'ils furent surpris par un orage qui les obligea de revenir à leurs voitures avant d'avoir fait toutes les courses. Ils se rendirent à Marly; mais l'orage ayant recommencé, ils ne purent jouir de la totalité du spectacle de ces eaux. »

En 1780[1], les députés bretons ne furent pas plus heureux. Les canaux étaient en si grandes réparations que les eaux n'avaient pu jouer à la Saint-Louis suivant l'usage.

Il arrivait souvent que le mauvais état des canaux, la sécheresse ou le mauvais temps privaient ainsi les députés bretons de ce spectacle très envié.

Nous citerons encore un incident qui empêcha, en 1766, le jeu des eaux en l'honneur des représentants des Etats de Bretagne, et qui donna lieu à ceux-ci de maintenir leurs droits.

La présentation du cahier avait eu lieu le 3 février 1766[2]. Mais, pour faire jouer les eaux, la saison était trop rude; d'ailleurs les canaux étaient en réparation. Cependant « M. le procureur général syndic des Etats écrivit au mois d'août à M. le marquis de Marigny pour lui demander que les eaux de Versailles, Marly et Trianon jouassent, suivant l'usage, pour la députation. M. le surintendant répondit, le 10 du même mois, que la disette d'eau s'opposoit à sa bonne volonté; que cette disette étoit telle qu'il avoit été obligé de retrancher les eaux de beaucoup d'endroits pour en réserver à la famille roïalle; qu'il pourrait se faire que dans l'arrière-saison les réservoirs fussent remplis, et qu'alors il se feroit

1. *Arch. dép. d'Ille-et-Vil.*, C. 2845.
2. *Ibid.*, C. 2833.

un plaisir de satisfaire les désirs de MM. les députés.

« Vers les derniers jours de septembre, M. le procureur général syndic écrivit de nouveau à M. de Marigny qu'il avoit appris que les eaux devoient joüer pour MM. les députés des Etats de Languedoc ; que les députés des Etats de Bretagne avoient les mêmes droits, et qu'il espéroit qu'il ne seroit fait aucune différence entre eux. M. le marquis de Marigny lui répondit le..... octobre que MM. les députés du Languedoc lui avoient effectivement fait cette demande, mais que le défaut d'eau s'étoit opposé à ce qu'il leur donnât cette satisfaction ; que les eaux de Marly avoient pu joüer, que si cette année MM. les députés vouloient s'en contenter, il envoïoit à M. Gabriel, controleur de Marly, les ordres nécessaires pour qu'il les fit joüer tel jour du mois qu'il leur plairoit de choisir. MM. les députés ne désiroient que de conserver cet usage et n'ont point demandé que les eaux de Marly joüassent. »

Le Roi faisait aussi donner aux députés bretons des places pour toutes les cérémonies et fêtes qui se rencontraient pendant le temps de leur députation[1].

Mais les deux années que les députés passaient auprès de la Cour, entre les deux sessions, étaient loin d'être uniquement consacrées à des fêtes. Leur mission était souvent très chargée et très délicate. Ils étaient en correspondance active avec les membres de la Commission intermédiaire séante à Rennes. Ils rendaient compte à celle-ci de toutes

---

1. *Arch. dép. d'Ille-et-Vil*, C. **2833**.

leurs instances auprès du Roi et de ses ministres, et recevaient ses ordres qu'ils transmettaient à la Cour.

Charles ROBERT
De l'Oratoire de Rennes.

Extrait du tome XXIX des *Bulletin et Mémoires de la Société Archéologique d'Ille-et-Vilaine.*

Rennes. — Imp. Eugène Prost.